Inhalt

Controlling für den Fußball - "Financial Fairplay" soll die Vereine disziplinieren

Kernthesen

Beitrag

Fallbeispiele

Weiterführende Literatur

Impressum

Controlling für den Fußball - "Financial Fairplay" soll die Vereine disziplinieren

Robert Reuter

Kernthesen

- Das Wettrüsten zwischen Europas Top-Fußballvereinen hat dazu geführt, dass einige Klubs praktisch pleite sind.
- Die Schuldenpolitik der Vereine und das Eingreifen finanziell potenter Investoren sorgen überdies für fehlende Chancengleichheit in den europäischen Wettbewerben.
- Die Europäische Fußballunion will dies ändern und hat dafür neue Regeln für ein "Financial Fairplay" aufgestellt.

- Das Regelwerk verbietet den Klubs zukünftig unter anderem, Gelder auszugeben, die nicht aus dem eigentlichen Fußballbetrieb stammen.

Beitrag

Controlling für Vereinsfinanzen

Die Europäische Fußballunion (Uefa) will die Finanzen der Fußballvereine kontrollieren und sie so dazu zwingen, vernünftig hauszuhalten. Dies ist bisher nicht der Fall, wie insbesondere die Finanzen der Spitzenvereine in Spanien, Italien und England zeigen. Die deutsche Bundesliga gilt im Vergleich mit diesen Ligen als wirtschaftlich gesund, doch liegt die Höhe der Verbindlichkeiten auch hier oft im Dunklen verborgen. Spitzenmanager wie der Bayern-Präsident Uli Hoeneß monieren freilich seit Jahren, dass die Schuldenpolitik der anderen Spitzenvereine zu einem sportlichen Ungleichgewicht geführt habe. Hierzu trägt auch das immer stärkere Engagement gut betuchter Investoren bei, die ihren Lieblingsverein mit Milliarden Euro bedenken und so die Chancengleichheit außer Kraft setzen. Die Uefa will die Vereine nun europaweit an die Kandare nehmen und so dafür sorgen, dass vernünftig wirtschaftende

Fußballvereine keine Wettbewerbsnachteile mehr erleiden müssen.

Wie ungehemmt Europas Klubs mit Höchstbeträgen für Spielergehälter und -ablösungen um sich werfen, zeigt ein Blick auf die englische Premier League. Hier hat Manchester City kürzlich Schulden in Höhe von 141 Millionen Euro gemeldet. Der vom russischen Öl-Oligarchen Roman Abramowitsch alimentierte FC Chelsea steht mit 80 Millionen Euro in den Miesen, hat aber 74 Millionen Euro für die Spitzenspieler Fernando Torres und David Luiz investiert. Insgesamt soll Abramowitsch bisher 880 Millionen Euro in den FC Chelsea gesteckt haben. (1)

Financial Fairplay nimmt die Vereine in die Pflicht

Das von der Uefa zusammengestellte Controllinginstrument heißt "Financial Fairplay" und verpflichtet die Vereine darauf, nicht mehr Geld für Spielergehälter und Transfers auszugeben, als sie durch TV-Vermarktung, Sponsoring, Ticket- und Spielerverkäufe einnehmen. Schon ab der bevorstehenden Saison 2011/2012 ist es den Vereinen damit nicht mehr erlaubt, bestehende Schuldenbeträge ungehemmt weiter zu vergrößern oder sich durch die Finanzspritzen von Oligarchen,

Baulöwen und Konzernen vor dem Ruin retten zu lassen. Stattdessen müssen sie ihre Einnahmen rein aus dem Fußballgeschäft erwirtschaften - sonst droht sogar der Ausschluss von der lukrativen Champions League. Experten glauben, dass diese neue "Break-Even-Regel" den Fußball genauso stark verändern könnte wie einst das Bosman-Urteil von 1995. Uefa-Chef Michel Platini betont dabei, dass der europäische Fußballverband die Vereine nicht verfolgen, sondern sie vor den Konsequenzen ihres eigenen Transferwahnsinns schützen wolle. Auch Fußballfunktionäre sind allerdings skeptisch, ob sich die Regeln des Financial Fairplay tatsächlich durchsetzen lassen. So haben es die Vereine bisher immer geschafft, ihre tatsächlichen Bilanzen vor der Öffentlichkeit geheim zu halten. Michel Platini hält an dem ehrgeizigen Vorhaben dennoch fest und will sich mit der Maßnahme auch für höhere Ämter, etwa im Fußballweltverband Fifa, empfehlen. (1), (9)

Reduzierung der Neuverschuldung

In einem ersten Schritt soll die Neuverschuldung der Spitzenklubs deutlich reduziert werden. In einer dreijährigen Übergangsfrist bis 2014 ist ab der kommenden Saison ein Minus von nur noch 45 Millionen Euro zulässig, dann nur noch 30 Millionen

Euro. Schrittweise soll die Neuverschuldung so auf Null gebracht werden. Uefa-Studien zufolge sind die abzutragenden Schuldenberge allerdings gigantisch. So soll der europäische Klubfußball allein im Jahre 2009 zusätzliche 1,2 Milliarden Euro an Schulden gemacht haben. Die 644 Millionen Euro, die die Bundesliga jüngst als Verbindlichkeiten ausgewiesen hat, nehmen sich dabei fast bescheiden aus gegenüber den 3,9 Milliarden Euro, mit denen die Premier League belastet ist. Die spanische Primera Division soll 3,5 Milliarden, die italienische Serie A 1,8 Milliarden Miese angehäuft haben. (1), (3)

Gute Aussichten für die Bundesliga?

Für die Bundesliga-Klubs könnte Financial Fairplay bedeuten, dass sie im Konzert der Topvereine künftig wieder besser mithalten können. Da die deutschen Klubs vergleichsweise gering verschuldet sind, würden sie ihre bisherige Finanzierungspraxis nur wenig ändern müssen, während die Wettbewerber in der Champions League ab diesem Jahr kleinere Brötchen backen müssen. Mancher Fan sieht die Bundesliga daher schon auf dem Weg zurück zur stärksten Liga Europas. Ob diese optimistischen Erwartungen eintreffen werden, ist indessen fraglich. Bislang ist nämlich unklar, wie die Uefa die Finanzen der Klubs kontrollieren will. Es ist zu erwarten, dass die Vereine beispielsweise für die Zuwendungen insbesondere der reichen Mäzene Hintertürchen finden. Überdies könnten sie neue Sponsorenmodelle erfinden, die dafür sorgen, dass die Millionen auf legalem Weg in die Klubkasse fließen. Joachim Gassen, Professor für Rechnungswesen und Wirtschaftsprüfung an der HU in Berlin, befürchtet, dass die Vereine durch überhöhte Werbepreise oder Sponsoring versuchen, den Mannschaften regelwidrig Geld zuzuspielen. Auch bestehe für die Klubs die Ausweichmöglichkeit, in einem Jahr fulminant zu investieren und anschließend zwei Jahre lang finanziell zu fasten. Ihre Effizienz müssen die Regeln des Financial Fairplay daher erst noch beweisen. (2)

Vorbild mit Schwächen

Darüber hinaus stehen die Bundesliga-Klubs im Vergleich mit anderen Ligen zwar relativ gut da, tragen aber ebenfalls eine große Schuldenlast mit sich herum. So sollen von den 18 Erstligisten der Saison 2009/2010 nur sieben Klubs profitabel gewesen sein, elf Vereine schlossen die Saison mit neuen Schulden ab. Insgesamt machte die Liga in der vorletzten Saison einen Verlust von 78 Millionen Euro. Nach Aussagen des Ligaverbandes sollen allerdings nur drei Vereine für 93 Prozent des angefallenen

Fehlbetrages verantwortlich sein, was der Gesamtliga, abgesehen von diesen drei "schwarzen Schafen", dann doch wieder ein recht gutes Zeugnis ausstellt.

Nicht zuletzt drohen der Bundesliga in den nächsten Jahren Einnahmen wegzufallen. Experten gehen davon aus, dass der bis 2013 laufende Vertrag mit dem Bezahlsender Sky bei einer Verlängerung deutlich niedrigere Zahlungen an die Vereine mit sich bringen wird als bisher. Es sei darum zu erwarten, dass auch Financial Fairplay an den höheren Umsätzen von Spitzenvereinen wie Manchester United, Real Madrid oder FC Barcelona nichts ändern werde. (1), (2), (3)

DFL trifft eigene Maßnahmen

Das Minus in der Saison 2009/2010 hat auch die Deutsche Fußballiga (DFL) veranlasst, die Zügel zu straffen. Die Klubs müssen künftig nicht nur im März, sondern nun auch im Oktober ihre Bilanzen offen auf den Tisch legen. Sorgen bereiten der DFL die auch in der Bundesliga explodierenden Profigehälter und die stetig steigenden Ablösesummen. 882 Millionen Euro wurden in der ersten und zweiten Liga in der Saison 2009/10 an die Spieler bezahlt, 305 Millionen Euro wurden für Vertragsauslösungen aufgewendet. Noch einmal satte 70 Millionen Euro gingen an die allgegenwärtigen "Berater". Dennoch ist die

Bundesliga laut einer Studie die profitabelste Liga Europas. (4), (5)

Trends

Uli Hoeneß glaubt an rosige Zeiten

Aller Skepsis zum Trotz sind viele Bundesligafunktionäre erfreut über die neuen Regeln. Bayern-Präsident Uli Hoeneß etwa glaubt an eine goldene Zukunft für den deutschen Fußball. Die solide Finanzierung deutscher Vereine werde dazu führen, dass die Bundesliga ihre dominante Stellung, wie sie sie noch in den 1970ern innehatte, zurückerobern könne. Optimistisch stimme dabei auch die hervorragende Nachwuchsarbeit deutscher Vereine, die sie unabhängig werden lasse von den hohen Ablösesummen und Spielergehältern, die für etablierte Stars zu zahlen seien. (1), (2)

Premier League expandiert in Asien

Die Wirtschaftsprüfungsgesellschaft Deloitte hat der

englischen Premier League große Wachstumschancen prognostiziert. Lukrative internationale TV-Verträge in Asien und Südamerika werden nach Ansicht von Deloitte dazu beitragen, dass weitere Vereine wie etwa Tottenham Hotspur in der ohnehin von englischen Klubs dominierten Rangliste der umsatzstärksten Vereine nach oben klettern werden. Von den zwanzig Topvereinen in Europa spielen sieben in der englischen Premier League. (7), (8)

Fallbeispiele

Dietmar Hopp zieht Konsequenzen

Der Mitbegründer der Software-Schmiede SAP und Multimilliardär Dietmar Hopp hat als erster Mäzen eines europäischen Erstligavereins Konsequenzen aus den Financial-Fairplay-Regeln gezogen. Rund 240 Millionen Euro hat Hopp bisher in die TSG 1899 Hoffenheim gesteckt und den Provinzklub so in die erste Bundesliga gehievt. Damit ist jetzt Schluss, denn Hopp sieht sein bisheriges Engagement selbst im Widerspruch zum Financial Fairplay. Darüber hinaus glaubt er den Verein so gut aufgestellt, dass sich das Unternehmen jetzt auch selbst tragen müsse. Mit dieser Entscheidung ist Dietmar Hopp Vorreiter, doch bleibt es fraglich, ob andere Mäzene dem Beispiel folgen werden. (6)

Weiterführende Literatur

(1) Kampf gegen das Geld-Doping
aus Kölner Stadtanzeiger, 16.02.2011

(2) Ab jetzt wird getrickst Financial Fair Play soll Europas Fußball gerechter machen. Die Bundesliga freut sich - aber zu früh
aus Financial Times Deutschland vom 15.02.2011, Seite 25

(3) Platini will die Revolution // Die neuen finanziellen Standards der Uefa könnten den Fußball so verändern wie das Bosman-Urteil
aus Der Tagesspiegel Nr. 20889 VOM 15.02.2011 SEITE 020

(4) Revolutionär wie das Bosman-Urteil
aus Zeit online vom 14.02.2011, Nr. 0

(5) Bundesligisten sitzt Geld allzu locker in der Tasche
aus Frankfurter Rundschau vom 27.01.2011, Seite 27

(6) Dietmar Hopp zeigt sich konsequent. Der Milliardär unterstützt den Kampf gegen finanzielles

Doping - und zieht sich zurück.
aus Handelsblatt Nr. 021 vom 31.01.2011 Seite 30

(7) Der panische Montag des englischen Fußballs
aus Stuttgarter Zeitung, 02.02.2011, S. 31

(8) Die Königlichen zuoberst
aus Finanz und Wirtschaft vom 12.02.2011, Seite 36

Impressum

Controlling für den Fußball - "Financial Fairplay" soll die Vereine disziplinieren

Bibliografische Information der deutschen Nationalbibliothek

Die Deutsche Nationalbibliothek verzeichnet diese Publikation in der deutschen Nationalbibliografie; detaillierte bibliografische Daten sind im Internet über http://dnb.d-nb.de abrufbar.

ISBN: 978-3-7379-0093-5

© 2015 GBI-Genios Deutsche Wirtschaftsdatenbank GmbH, Freischützstraße 96, 81927 München, www.genios.de

Alle Rechte vorbehalten. Dieses Werk ist einschließlich aller seiner Teile – z.B. Texte, Tabellen und Grafiken - urheberrechtlich geschützt. Jede Verwertung außerhalb der Grenzen des Urheberrechtsgesetzes bedarf der vorherigen Zustimmung des Verlags. Dies gilt insbesondere auch für auszugsweise Nachdrucke, fotomechanische

Vervielfältigungen (Fotokopie/Mikroskopie), Übersetzungen, Auswertungen durch Datenbanken oder ähnliche Einrichtungen und die Einspeicherung und Verarbeitung in elektronischen Systemen.